Magische Geschichten

zur guten Nacht

EDITION XXL

Inhaltsverzeichnis

Der neue Besen

Es war kurz vor Mitternacht, als Hexe Nachtschatten auf ihrem Besen durch die Lüfte sauste. Plötzlich knackte es und der Besenstiel begann zu wackeln. „Oje! Der Frühjahrsputz heute Morgen war wohl zu viel für meinen alten Besen", überlegte sie.

Hexe Nachtschatten landete unsanft auf dem Boden und sah sich den Schaden genauer an. Es gab leider keinen Zweifel: Der alte Besenstiel war nicht mehr zu gebrauchen. „Dann werde ich wohl einen neuen besorgen müssen", grummelte sie mürrisch vor sich hin.

Gleich am nächsten Morgen machte sie sich zu Fuß auf den Weg in die Stadt. „Wie peinlich! Eine Hexe, die zu Fuß geht", murmelte sie. „Hoffentlich treffe ich keine meiner Hexenfreundinnen."

Im Laden verlangte sie einen neuen Besenstiel, aber der Verkäufer schüttelte den Kopf: „Einen Besenstiel? Danach fragt heutzutage niemand mehr." Hexe Nachtschatten wurde ungeduldig. „Aber ich frage danach", sagte sie. „Das mag ja sein", antwortete der Verkäufer, „aber ich habe keinen."

Da begann die Hexe zu jammern: „Oje, oje! Ich brauche doch dringend einen Besenstiel!" Dann fragte sie: „Was nehmen die Leute denn stattdessen?"

„Staubsauger", antwortete der Verkäufer. Hexe Nachtschatten hatte noch nie etwas von einem Staubsauger gehört. „Können Sie mir so ein Ding einmal zeigen?", bat sie den Verkäufer. Er sah sie zweifelnd an, doch dann tat er, was sie verlangte.

Er verschwand im Nebenzimmer und kam mit drei funkelnagelneuen Staubsaugern zurück. „Das sind unsere gefragtesten Modelle", sagte er. „Oh, wie schön!", rief Hexe Nachtschatten entzückt. Sie ging geradewegs auf ein Modell in Grün und Beige zu. „Den nehm ich! Was soll er denn kosten?"

Der Verkäufer nannte ihr den Preis. Er war davon überzeugt, dass die Dame mit der seltsamen Kleidung gar nicht so viel bezahlen konnte. Umso erstaunter war er, als Hexe Nachtschatten eine Handvoll Geldscheine aus ihrem Geldbeutel zog. Eigentlich hatte es so ausgesehen, als sei er leer …

Der Verkäufer nahm verwundert das Geld entgegen. Dann holte er einen großen Karton, um den Staubsauger zu verpacken. Aber Hexe Nachtschatten schüttelte den Kopf: „Sie brauchen ihn nicht einzupacken. Ich fliege gleich mit ihm nach Hause."

Der Verkäufer machte ein verdutztes Gesicht. Und er staunte noch mehr, als sich die Hexe rittlings auf den Stiel des Staubsaugers setzte und zur Tür hinausflog. Der arme Verkäufer konnte nicht glauben, was er gerade gesehen hatte!

Hexe Nachtschatten flog mit ihrem neuen Besen direkt zum Zauberwald. Dort traf sie sich jeden Nachmittag mit ihren Hexenfreundinnen. Als diese die Hexe auf ihrem ungewöhnlichen Besen erblickten, gerieten sie in helle Aufregung. Jede von ihnen wollte ihn einmal ausprobieren.

Schließlich waren sich alle einig: So einen Besen brauchten sie auch! Und so traute der Verkäufer seinen Augen nicht, als in seinem Laden eine ganze Schar seltsam gekleideter Damen auftauchte – und sämtliche Staubsauger, die er vorrätig hatte, aufkaufte!

Der letzte Zauberer

Ob du es glaubst oder nicht: Der letzte Zauberer im Land war kein alter Mann mit langem, weißem Bart, sondern ein kleiner Junge namens Willi. Und wie alle Zauberer, war auch Willi der siebte Sohn eines siebten Sohnes.

Eine Zeit lang war Willi froh, ein Zauberer zu sein. Er war in der Schule sehr beliebt, denn er konnte mit einem Zauberspruch die Hausaufgaben seiner Freunde erledigen. Oder dafür sorgen, dass seine Fußballmann- schaft alle Spiele gewann. Oder Würstchen mit Pommes herzaubern, wann immer er wollte. Aber allmählich fand Willi es langweilig: Er wollte lieber genauso sein wie seine Freunde.

Eines Tages sagte er beim Abend-
essen zu seinen Eltern: „Ich habe
keine Lust mehr, ein Zauberer zu
sein. Ich will nicht mehr für alle
Zaubersprüche aussprechen."

„Einmal Zauberer, immer Zauberer",
erinnerte ihn seine Mutter. „Du
solltest stolz darauf sein, dass du
der letzte Zauberer im Land bist."
Schlecht gelaunt schob Willi die
Würstchen auf seinem Teller hin

und her. Er hatte nicht einmal Lust,
sie mit einem Zauberspruch tanzen
zu lassen, wie er es sonst immer tat.

Bald war Willi so genervt, dass er
sich Jonas, seinem besten Freund,
anvertraute. „Ich weiß nicht, was
ich tun soll", sagte er. „Ich habe
dieses große Buch der Magie, das
mich immer dazu bringt, Zaubersprüche auszusprechen, auch wenn
ich es gar nicht will."

Seine Eltern waren zwar verärgert, aber sie konnten es letztlich auch nicht ändern.

Und was war mit dem magischen Buch passiert? Jonas hatte es seiner Tante zum Geburtstag geschenkt. Sie wohnte Tausende von Kilometern entfernt, in Australien.

Voller Vorfreude öffnete sie das Paket, das ihr Neffe ihr geschickt hatte. „Ein Zauberbuch!", rief sie. „Das habe ich mir doch schon immer gewünscht!" Was Jonas nämlich nicht wusste: Seine Tante war die siebte Tochter einer siebten Tochter!

Da hatte Jonas eine Idee: „Wie wär's, wenn ich das Buch von dir leihe und dann irgendwo verliere?", schlug er vor. „Dann bist du es endlich los!"

Willi dachte nach. Seine Eltern würden bestimmt wütend sein. Aber er war so verzweifelt, dass er schließlich einverstanden war.

Am nächsten Tag gab er Jonas das Buch – und von da an war es tatsächlich verschwunden! Willi war nun sehr erleichtert, dass er keine Zaubersprüche mehr aussprechen musste.

Simons Geburtstagswunsch

Eigentlich hätte Simon allen Grund, sich zu freuen: Er hatte Geburtstag und am Nachmittag wollten seine Freunde kommen und mit ihm feiern. Doch Simon war gar nicht froh. Schon seit Langem wünschte er sich nichts sehnlicher als ein Kaninchen. Aber immer, wenn er davon sprach, sagte Mama: „Für ein Tier musst du Verantwortung übernehmen. Dafür bist du noch zu jung.“

Auch dieses Mal stand ein Kaninchen auf seinem Wunschzettel. Doch Mama hatte nur den Kopf geschüttelt, als sie ihn las. Stattdessen hatte sie ihm eine besondere Überraschung versprochen. Was konnte das schon sein? Nichts war so besonders wie ein Kaninchen!

Am Nachmittag, als seine Freunde kamen, besserte sich Simons Laune etwas. Nachdem er seine Geschenke ausgepackte hatte, brachte Mama eine große Kanne mit Kakao und die Geburtstagstorte. „Hmm! Himbeertorte! Wie lecker!“, riefen die Kinder und im Nu war alles ratzeputz leer gegessen.

Dann sagte Mama geheimnisvoll: „Ich bitte nun um Aufmerksamkeit für einen ganz besonderen Gast.“

Alle blickten erwartungsvoll zur Tür. Da betrat eine große Gestalt mit einem hohen schwarzen Hut den Raum. Er trug einen langen, blauen Umhang mit silbernen Sternen und hatte einen goldenen Stab in der Hand. Es war ein Zauberer!

Als der Zauberer seinen Zauberstab schwang, wurden die Kinder mucksmäuschenstill und sahen gebannt zu. Es begann eine wunderbare Vorführung voller Magie.

Zuerst verwandelte der Zauberer die Blumentapete in einen Garten mit blühenden Blumen und flatternden Schmetterlingen. Er sah so echt aus, dass man sogar den Duft der Blumen riechen konnte!

Dann kam eine Gruppe von Ballett-tänzerinnen direkt aus dem Fernseher heraus gewirbelt. Sie tanzten quer durch den Raum und kaum waren sie wieder verschwunden, da entzündete sich ein Feuerwerk in den schönsten Farben!

Am Ende verneigte sich der Zauberer vor seinem Publikum und die Kinder klatschten begeistert Beifall.

Da holte der Zauberer einen glänzenden, schwarzen Zylinder hervor. Er drehte sich zu Simon um und sagte: „Du darfst dir etwas wünschen, das aus meinem Zylinder kommen soll. Denke ganz fest an deinen Wunsch, aber verrate ihn niemandem.‟

Natürlich wusste Simon sofort, was er sich wünschen wollte. Aber er konnte nicht glauben, dass sein Wunsch in Erfüllung gehen würde. Dennoch schloss er die Augen und dachte so fest an seinen Wunsch, wie er nur konnte.

Der Zauberer schwang seinen Zauberstab, murmelte ein paar unverständliche Worte und aus seinem

Hut kam … „Ein Kaninchen!‟, rief Simon. „Ein echtes Kaninchen!‟

Vorsichtig nahm er das Kaninchen und drückte es an sich. Als er zu Mama hinübersah, zwinkerte sie ihm lächelnd zu.

Die freundliche Hexe

Die Hexe Felizitas lebte zusammen mit ihrer treuen Katze Felina in einer alten Hütte am Waldrand. Sie war eine freundliche Hexe und bei allen beliebt. Auch die Bewohner des Dorfes verstanden sich gut mit ihr. Sie waren sogar stolz darauf, dass bei ihnen eine Hexe wohnte.

Und jeden Dienstagnachmittag lud Felizitas ihre Freundinnen aus dem Dorf zu einem Kaffeeklatsch ein. Dabei ging es immer lustig zu, es wurde viel erzählt und gelacht.

Doch eines Tages erhielt Felizitas einen Brief von der Oberhexe Wüterich.

> Du wirst aufgefordert, am nächsten Freitag, den 13. Mai, um Punkt Mitternacht vor dem Hexenzirkel zu erscheinen. Sei pünktlich!

Sofort begann Felizitas vor Aufregung zu zittern. Vor den Hexenzirkel gerufen zu werden, konnte nur Ärger bedeuten! Allerdings hatte sie keine Ahnung, was sie falsch gemacht hatte.

Am nächsten Freitag erschien Felizitas
pünktlich beim Hexenzirkel. Sie begrüßte
ihre Hexenfreundinnen mit einem freund-
lichen Lächeln. Da diese ebenfalls lächelten,
hoffte Felizitas, dass sie vielleicht doch
keinen Ärger bekommen würde. Sie vergaß
ihre Angst und schwatzte vergnügt mit
den anderen Hexen.

Plötzlich kam die Oberhexe Wüterich
angesaust. Sie war eine spindeldürre,
missmutige Hexe mit stechenden schwarzen Augen und einem haarigen Kinn.
Als sie sah, dass die Hexen sich fröhlich
unterhielten, flog sie wütend mitten in
die Versammlung.

„Ist das alles, was du kannst, Felizitas?", schrie sie ärgerlich. „Freundlich zu sein ist nichts für eine Hexe! Das muss sofort aufhören!"

„Aber ich kann nicht damit aufhören", antwortete Felizitas und lächelte. „Es macht mir eben Spaß, freundlich zu sein. Sogar mein Name bedeutet ‚Glückseligkeit.'"

Die Oberhexe lachte böse: „Dann werden wir deinen Namen eben ändern. Ab heute heißt du … Warzennase!"

Felizitas lächelte nun nicht mehr. „Was für ein hässlicher Name", jammerte sie. Dann flog sie traurig nach Hause. Mit ihrem neuen Namen fühlte sie sich so schlecht, dass sie gar nicht mehr lächeln konnte.

Als am Dienstagnachmittag die Damen aus dem Dorf zum Kaffeeklatsch kamen, saß Felizitas unglücklich in ihrem Sessel. „Was ist denn mit dir los? Wieso lächelst du heute nicht?", fragten sie besorgt und dann erzählte ihnen Felizitas, was passiert war.

„Kopf hoch!", sagten ihre Freundinnen und umarmten sie. „Schenke uns doch dein wunderbares Lächeln!" Aber so sehr sich Felizitas auch bemühte, es gelang ihr nur ein winzig kleines Lächeln.

„Du kannst das noch viel besser", spornten die Freundinnen sie immer wieder an ... und tatsächlich lächelte sie nun schon viel freundlicher. Dann meinten ihre Freundinnen: „Nun leg deine Füße hoch, heute kümmern wir uns mal um dich."

Während ihre Freundinnen sie umsorgten und verwöhnten, wurde Felizitas plötzlich etwas klar: „Der Name ist eigentlich gar nicht so wichtig", dachte sie bei sich. „Viel wichtiger ist doch, wer man ist und wie man sich im Herzen fühlt."

Und dann erschien auf ihrem Gesicht das schönste Lächeln, das sie jemals gehabt hatte! Denn jetzt wusste sie, dass sie immer Felizitas, die freundliche Hexe, bleiben würde!

Der falsche Zauber

Henris Onkel war ein Zauberer. Er kannte viele Zaubersprüche und zeigte Henri und seinen Freunden allerlei Kunststücke. Es sah immer so aus, als seien sie ganz einfach.

Eines Tages sagte Henris Freund Tom: „Ich bin sicher, dass wir auch einen Zauber ausführen könnten." Aber Henri widersprach ihm: „Wir sind keine Zauberer, deshalb können wir auch nicht zaubern." Doch Tom ließ sich nicht von der Idee abbringen. „Frag doch mal deinen Onkel, ob er uns einen Zauber zeigen kann", bat er.

Als sie Henris Onkel wieder einmal besuchten, fragte Henri neugierig, ob er seinen Kanarienvogel in einen Geier verwandeln könne. Natürlich sagten sie ihm nicht, dass sie es später selbst versuchen wollten. Henris Onkel war einverstanden und nahm die beiden mit in seine Zauberwerkstatt.

Dort mischte er verschiedene Zutaten zusammen und strich die

Mixtur auf die Federn seines Kanarienvogels. Dabei sprach er einige Zauberworte – und schon verwandelte sich der Vogel in einen griesgrämigen Geier!

Henri und Tom schrieben die Zauberworte und die Zutaten heimlich auf. Auch als der Onkel den Geier wieder in einen Kanarienvogel zurückverwandelte, passten sie ganz genau auf und machten sich Notizen.

Am nächsten Tag trafen sich die beiden Jungs in Henris Schuppen. Da sie keinen Kanarienvogel hatten, brachte Tom seinen Hamster mit.

Henri sah nach, welche Zutaten sie brauchten. Einige waren schwer zu beschaffen, wie zum Beispiel die Schlingpflanzenblätter vom Amazonas. Deshalb nahmen sie die Blätter, die in ihrem Garten wuchsen.

„Das wird schon gehen", meinte Henri gelassen und rührte die Mixtur zusammen. Dabei murmelte er die gleichen Worte wie sein Onkel. Als die Mixtur fertig war, betupfte er den Hamster damit.

Der Hamster begann tatsächlich zu wachsen und Henri schrie aufgeregt: „Es funktioniert!" Aber als er merkte, dass der Hamster immer weiter wuchs und sogar einen Rüssel bekam, wurde ihm angst und bange. „Hilfe!", rief er. „Er verwandelt sich gar nicht in einen Geier. Er wird immer größer, so groß wie ein Elefant!"

Voller Panik rannten die beiden aus dem Schuppen. Der Elefant wollte hinterher und stapfte dabei in die Schüssel mit der Mixtur. Jetzt wuchs er noch schneller! Er trompetete laut und lief direkt auf das Haus zu.

Zum Glück hatte Henris Onkel schon geahnt, was die beiden Jungen im Schilde führten. Er kam genau im richtigen Moment, als der Elefant das Haus schon fast erreicht hatte. Der Onkel hob die Hände, sprach ein paar magische Worte – und schwuppdiwupp! wurde der Elefant wieder zum Hamster.

Henri und Tom waren immer noch bleich vor Schreck. „Lasst die Finger vom Zaubern!", sagte der Onkel streng. „Wenn man es nicht von klein auf gelernt hat, darf man es gar nicht erst probieren!"

Als die beiden Jungs versprachen, nie wieder zu zaubern, war nicht nur der Onkel erleichtert – sondern vor allem der Hamster!

Die Hexenfalle

Es war einmal eine unfreundliche Hexe namens Fürchtenix. Sie verbrachte ihre ganze Zeit damit, schreckliche Zaubersprüche in ihr großes, in Leder gebundenes Zauberbuch zu schreiben. Da gab es Zaubersprüche, mit denen sie Hunde in Tausendfüßler verwandeln konnte. Oder einen köstlichen Braten in schimmelige Matsche. Oder ein gemütliches Sofa in einen stinkenden Misthaufen.

„Wir müssen etwas unternehmen", beschloss Bürgermeister Schlaukopf.

„Sie richtet nur Unheil an." Hexe Fürchtenix hatte gerade sein glänzendes neues Auto in einen klapprigen, rostigen Go-Kart verwandelt.

Die Bürger der Stadt stimmten zu. Sie hatte alle schon unter den gemeinen Zaubersprüchen der Hexe gelitten. Aber was konnten sie nur tun?

Bürgermeister Schlaukopf hatte einen Plan: „Wir könnten einfach ihr schreckliches Zauberbuch verbrennen", schlug er vor. „Und ihr dabei eine Lektion erteilen."

Jeden Montagmorgen ging Hexe Fürchtenix zum Kastanienwald, um die Zutaten für ihre Zauberei einzusammeln: tote Fliegen und Käfer, stinkende Giftpilze und andere gruselige Dinge.

Dabei nahm sie immer den gleichen Weg. Als sie an diesem Montag wieder ihres Weges ging, ertönte plötzlich ein lautes Knack! und Krach! – und die Hexe fiel in ein tiefes Loch,

das unter Ästen und Blättern verborgen war. Dabei verlor sie ihr Zauberbuch. Es fiel auf die Wiese, sodass sich die Hexe nicht mit einem Spruch aus der Falle zaubern konnte.

Die Bürger der Stadt strömten herbei, um zu sehen, wie die Hexe in der Falle saß und tobte. „Lasst mich sofort raus oder ich verwandele euch alle in Kröten!", rief sie. Aber der Bürgermeister lachte nur und antwortete:

„Das kannst du gar nicht, denn wir haben dein Zauberbuch!"

Hexe Fürchtenix war schrecklich wütend, aber sie konnte tatsächlich nichts tun. Sie versuchte angestrengt, sich an einen Zauberspruch zu erinnern – aber ihr fiel einfach keiner ein. Wenn sie ihr Zauberbuch wiederhatte, würde sie sich als Erstes ein besseres Gedächtnis zaubern! Jetzt saß sie gekrümmt in dem dunklen Loch und fragte sich, was wohl als Nächstes geschehen würde. Dann rümpfte sie die Nase und schnupperte … Rauch! Oh nein, sie machten ein Feuer!

„Hexe, bist du bereit für deine Bestrafung?", fragte der Bürgermeister. Da schrie auch schon jemand: „Es brennt! Es brennt!" Und im gleichen Moment wusste die Hexe, was da brannte: ihr kostbares Zauberbuch!

Zum Glück war der Bürgermeister kein gemeiner Mensch. Die Hexe tat ihm sogar leid. Ohne ihr Zauberbuch war sie schließlich nur eine arme alte Frau. Deshalb fragte er sie: „Versprichst du, niemals wieder ein schreckliches Zauberbuch anzulegen?" Empört antwortete sie: „Aber eine Hexe braucht doch ein Zauberbuch!" Bürgermeister Schlaukopf dachte kurz nach. Dann sagte er: „Wie wäre es mit einem hilfreichen Zauberbuch?"

Hexe Fürchtenix überlegte, dass das doch gar keinen Spaß mache. Aber andererseits ... In diesem Loch wollte sie auch nicht sitzen bleiben. „Na gut", antwortete sie schließlich, „ich verspreche es."

Bald darauf begann Hexe Fürchtenix, ein neues Zauberbuch zu schreiben. Es enthielt Rezepte für heilende Tränke und Cremes und Zaubersprüche, um Dinge zu reparieren. Damit gewann sie viele Freunde und es bereitete ihr sogar Freude, anderen zu helfen. Die Leute kamen von weit her und baten sie um Rat und Hilfe. Und schon bald nannte man sie nicht mehr Hexe Fürchtenix, sondern Hexe Heilegut!

Die Reisehexe

Wanda Wunderlich warf sich den Umhang über die Schulter und setzte ihren Hut auf. Dann rief sie ihre Katze Merle, rannte in den Hof und schnappte sich ihren Besen. Sie setzte sich rittlings darauf und gab den Befehl zum Start – aber der Besen rührte sich nicht.

„Los, flieg schon!", rief sie. „Wir kommen sonst zu spät zum Hexenzirkel!" Wanda schüttelte den Besen ärgerlich, aber nichts geschah.

„Der Zauber ist anscheinend abgenutzt", überlegte sie , „und einen neuen kann ich nicht mehr aussprechen. Das war schon der dritte und mehr verträgt kein Besen." Wütend stampfte sie mit dem Fuß auf. „Was machen wir jetzt, Merle? Ich darf das Treffen nicht verpassen, heute wird doch die neue Oberhexe gewählt."

„Du könntest den Zug nehmen", schlug Merle vor. „Hm … keine schlechte Idee", meinte Wanda. Sie dachte über Merles Vorschlag

nach. Einerseits würde es ihrem Ruf als Hexe schaden, wenn sie ohne Besen käme. Andererseits wäre es aber noch viel schlimmer, gar nicht zu kommen. Also setzte sie Merle in ihre Reisetasche und machte sich zu Fuß auf den Weg zum Bahnhof.

Dort angekommen, ging sie sofort zum Schalter. Dort wartete bereits eine Kundin. Aber Wanda drängelte sich einfach vor. „Eine Rückfahrkarte zum Blocksberg!", schnauzte sie unfreundlich. Der Mann am Schalter antwortete: „Die Station kenne ich nicht. Fragen Sie den Fahrkartenkontrolleur."

Wanda hatte Glück: Der Fahrkartenkontrolleur kannte die Station und gab ihr die Fahrkarte. Dann betrachtete er Wanda und fragte: „Fahren Sie zu einem Kostümfest?"

Wanda schnaubte vor Wut. Sie hatte es eilig und keine Zeit, dumme Fragen zu beantworten. Da kam auch schon der Zug und Wanda stieg schnell ein.

„Geschafft!", seufzte sie und ließ sich erleichtert in den Sitz plumpsen. Doch kaum war der Zug losgefahren, da bekam sie einen Riesenschreck: Merle! Sie hatte Merle am Bahnhof vergessen! Sie öffnete das Fenster, um nach ihrer Katze zu sehen. Aber da erfasste ein Windstoß ihren Hut und blies ihn davon. Auch das noch! Heute ging einfach alles schief!

Endlich kam Wanda auf dem Blocksberg an. Die Hexen hatten sich alle
schon versammelt. Jede von ihnen
hatte einen Besen und eine schwarze
Katze dabei und trug einen hohen
Hut.

Die Oberhexe sah Wanda an und
runzelte die Stirn. „Wer bist du?",
fragte sie. „Hier haben nur Hexen
Zutritt! Verschwinde!"

Verzweifelt rief Wanda: „Aber ihr
kennt mich doch! Ich bin es, Wanda

Wunderlich!" Die Oberhexe wurde
noch wütender. „So ein Unsinn!",
schrie sie . „Wanda Wunderlich hat
einen Besen, eine schwarze Katze
und einen hohen Hut. Du hast überhaupt nichts davon!"

Wanda wollte alles erklären, aber
keiner hörte zu. Die Hexen riefen
ärgerlich: „Los, verschwinde! Du
bist eine Betrügerin!"

Dann stießen sie die arme Wanda mit ihren Besenstielen so fest, dass sie schließlich fliehen musste.

Als sie endlich wieder am Bahnhof ankam, sah sie Merle auf der Bank sitzen. Der Fahrkartenkontrolleur hatte inzwischen auf sie aufgepasst. „Ich bleibe hier", schnurrte Merle. „Ich will nicht mehr die Katze einer mürrischen Hexe sein. Ich werde lieber eine Bahnhofskatze."

So musste Wanda Wunderlich ohne Katze, ohne Hut und ohne Besen nach Hause gehen. Unterwegs dachte sie nach.

Die Oberhexe hatte gesagt, ohne diese Dinge könne sie keine Hexe sein. Vielleicht wollte sie auch gar keine Hexe mehr sein. Dann müsste sie nicht mehr vor der Oberhexe zittern … und könnte ein neues Leben beginnen! Plötzlich lächelte Wanda und ging vergnügt nach Hause.

Der Feenkuchen

Eines Tages entdeckte Kasimir Kobold im Schaufenster der Bäckerei kleine Kuchen. Er trat ein und fragte, was das für Kuchen seien. „Das sind Feenkuchen", antwortete der Bäcker.

Sie sahen wirklich köstlich aus: Zwei dünne Scheiben Kuchen standen aufrecht in einem Papierhütchen. Sie erinnerten an kleine Feenflügel und waren mit leckerer Buttercreme gefüllt und mit bunten Zuckerstreuseln dekoriert. Kasimir konnte nicht widerstehen und kaufte gleich zwölf Stück.

Zu Hause kochte er sich einen Kakao. Er dachte an die Kuchen und das Wasser lief ihm im Munde zusammen. Doch plötzlich kam ihm ein Gedanke. „Feenkuchen ... Heißt das vielleicht, dass sie verzaubert sind? Werde ich mich sogar in eine Fee verwandeln, wenn ich sie esse?"

Diese Vorstellung ließ Kasimir schaudern. Eine Fee wollte er auf keinen Fall werden! Aber dann hatte er eine Idee: Er beschloss, die Feenkuchen nicht zu essen und stattdessen selbst welche zu backen. „Ich nenne sie Koboldkuchen", kicherte er. „Und ich lege meinen eigenen Zauber hinein. Jeder, der davon isst, wird mein Diener werden!"

Als Kasimir die Kuchen gebacken hatte, lud er drei Freunde ein. Er kochte eine große Kanne Kakao und bot ihnen den Kuchen an. „Sie schmecken köstlich", meinte sein Freund Kobinian und nahm gleich noch ein zweites Stück.

Innerhalb von wenigen Minuten begann der Zauber zu wirken. Kasimir hatte nun drei Helfer, die all das für ihn erledigten, was er selbst nicht tun wollte. Sie beschwerten sich darüber, aber wegen des Zaubers konnten sie nicht aufhören, zu arbeiten.

Kasimir ging in den Garten und legte sich zufrieden in die Sonne. Kurz darauf blieb ein Mann am Gartentor stehen. Er sah aus

wie ein einfacher Reisender, war aber in Wirklichkeit ein Zauberer. „Hallo!", rief er. „Hast du vielleicht ein Glas Wasser für einen durstigen Reisenden?"

Kasimir antwortete: „Aber sicher." Dann rief er zum Haus hin: „Der Herr hier möchte etwas trinken! Und bringt ihm auch einen Kuchen!"

„Ein Kuchen!", rief der Mann. „Das ist sehr freundlich von dir." Doch als er den Kuchen in der Hand hielt, wurde er nachdenklich. „Hmm", meinte er, „ich glaube, du willst mich verzaubern, so wie die drei Kobolde da drinnen." Kasimir tat überrascht: „Ich? Verzaubern?"

„Nun", schlug der Mann vor, „wenn das nicht so ist, dann kannst du auch ein Stück Kuchen essen." Kasimir wusste, dass sein Zauber nur bei anderen wirkte. Deshalb nahm er einen Kuchen und biss hinein. Aber im gleichen Moment machte der Mann eine seltsame Handbewegung. Er befahl Kasimir, ihm zu folgen und obwohl dieser nicht wollte, lief er hinterher.

„Du dummer Kobold", sagte der Mann. „Jetzt bist du mein Diener. Ich habe den Zauber nämlich umgedreht. Das ist die Strafe dafür, dass du deine Freunde hereingelegt hast."

Kasimir Kobold musste nun mit dem Zauberer gehen und alles tun, was dieser wollte. Seine drei Freunde arbeiteten so lange in seinem Haus, bis der Zauber verflogen war. Aber der Zauber, der auf Kasimir lag, war ein Dauerzauber, der nie verflog. Deshalb ist der arme Kobold bis zum heutigen Tag immer noch der Diener des Zauberers!

Die Halloween-Party

„Hört zu, Kinder", sagte die Lehrerin, Frau Rotmund. „Nächsten Dienstag ist Halloween und die Schule veranstaltet ein großes Fest." Dann fuhr sie fort: „Alle sollen sich verkleiden und etwas Gruseliges zum Essen mitbringen. Wurst-Hexenbesen zum Beispiel oder Orangen mit schaurigen Gesichtern."

Die Kinder waren begeistert. Nur Lissy nicht. Sie sagte zu Frau Rotmund, dass sie zu viel zu tun habe und vermutlich nicht kommen könne. Die Lehrerin wunderte sich darüber, aber Lissy meinte nur: „Ähm … an Halloween ist bei uns immer viel los."

Zu Hause erzählte Lissy ihrer Mutter von der Party. „Das wird sicher langweilig", meinte sie. „Alle verkleiden sich nur und es gibt überhaupt keine echte Magie." Ihre Mutter lächelte: „Na, vielleicht können wir das ändern und für eine Überraschung sorgen."

Lissys Mutter war zwar eine ernsthafte Hexe, aber auch immer für einen Spaß zu haben. „Ich werde für eure Party einen ganz besonderen Kuchen backen", sagte sie mit einem Augenzwinkern.

An Halloween kamen alle Kinder verkleidet zur Schule: als Geist, Hexe, Skelett, Vampir oder als schreckliches Monster. Es gab viele Leckereien. Eine davon war ein schwarzer Kuchen mit vielen orange-glitzernden Sternen, den Lissys Mutter gebacken hatte.

Als es dunkel wurde, sagte Frau Rotmund: „Ihr könnt jetzt eure Laternen anzünden." Dann gingen alle Kinder hinaus auf den Spielplatz. Dort stellten sie die Kürbisköpfe, die sie geschnitzt hatten, in einer Reihe auf. Die Kerzen flackerten und der Spielplatz sah jetzt richtig gruselig und geheimnisvoll aus.

Die Kinder wollten gerade wieder hineingehen, als sie plötzlich ein seltsames Brausen in der Luft hörten. Sie hoben die Köpfe – und sahen Lissy, die als Hexe verkleidet auf einem Besen auf sie zuflog!

Lissy flog eine Runde über den Spielplatz, drehte einen Looping und landete dann auf dem Boden. Sofort scharten sich alle um sie herum.

„Toll!", rief Jakob. „Wie macht sie das nur?" Und Kathi flüsterte: „Das kann nur Zauberei sein."

Die Kinder bewunderten den Besen. Wie gerne wären sie auch einmal geflogen!

Dann wurde der schwarze Kuchen angeschnitten. Jakob probierte das erste Stück – und konnte es kaum glauben: Der Kuchen schmeckte nach all seinen Lieblingsgerichten, und zwar nach allen gleichzeitig!

Als er aufgegessen hatte, verspürte er plötzlich den Wunsch, zu fliegen, so wie Lissy. Er erhob seine Arme und schon hob er ab und flog – ganz ohne Besen oder Flügel!

Schon bald schwebten alle, die von dem magischen Kuchen gegessen hatten, über dem Spielplatz – sogar die Lehrerin!

Am Ende des Festes waren sich alle einig, dass das wirklich die wunderbarste Halloween-Party gewesen war, die sie jemals erlebt hatten. Und kein bisschen langweilig!

Zufrieden dachte Lissy: „Mamas Kuchen sind ja immer zum Abheben gut. Aber diesmal hat sie sich selbst übertroffen!"

Der Sauberzauber

Belladonna Bitternuss wohnte in einem kleinen, alten Haus. In jeder Ecke hingen Spinnweben. Die Regale waren vollgestopft mit staubigen, uralten Zauberbüchern. In den Schränken stapelten sich die Zaubertränke und von der Decke hingen bündelweise getrocknete Kräuter. Es war sehr, sehr unordentlich – und genau so hatte es Belladonna am liebsten.

Doch eines Tages stolperte sie über einen Bücherstapel und verschüttete eine ganze Flasche Warzenmittel über ihren besten Besen. Sofort schrumpften seine Borsten und fielen ab. „Mist!", schrie Belladonna. „Jetzt brauche ich einen neuen Besen!"

„Was du brauchst, ist eine Haushaltshilfe", gab ihre Katze zu bedenken.

„Hmm, sehr gute Idee", meinte Belladonna. „Ich gebe gleich eine Anzeige auf."

Eine Woche später erschien Hertha Hilfreich, eine adrette, fröhliche Dame. Belladonna hatte sich eher jemanden vorgestellt, den sie herumkommandieren konnte. Aber da sich sonst niemand beworben hatte, bekam Hertha den Job.

Am nächsten Morgen sagte Belladonna zu Hertha: „Ich gehe in die Stadt, einen neuen Besen kaufen. Du kannst inzwischen die Zauberbücher abstauben und die Zaubertränke sortieren." Hertha machte sich sofort gut gelaunt an die Arbeit. Sie liebte es, aufzuräumen.

Belladonnas Einkauf dauerte ziemlich lange, denn was Besen betraf, war sie sehr wählerisch. Deshalb musste sie jeden Einzelnen genau betrachten. Als sie endlich wieder zu Hause ankam, fragte sie sich, ob dies wirklich ihr Haus sei.

Die Fenster standen weit offen, die Vorhänge waren frisch gewaschen und hingen auf der Leine. Als sie durch die Tür trat, stieg ihr ein seltsamer Geruch in die Nase: Desinfektionsmittel und Möbelpolitur!

Sie erkannte ihr Wohnzimmer nicht wieder. Es war sauber und hell und ohne Spinnweben. Die Möbel glänzten und eine Vase mit Blumen stand auf dem Tisch.

Auch ihre Katze war frisch gewaschen und gebürstet und hatte ein neues Halsband umgebunden. Hertha Hilfreich kippte gerade Belladonnas Sammlung ausgestopfter Kröten in den Müll.

„Was hast du denn nur ange-
richtet?", stöhnte Belladonna.
Hertha strahlte sie an. „Ist es
nicht schön geworden? Ach ja,
deine alten staubigen Bücher
habe ich übrigens ins Feuer
geworfen."

„Oh nein!", Belladonna fiel
fast in Ohnmacht. Sie rannte
in den Garten ... Tatsächlich:
Da flackerte ein Feuer und
man konnte noch die Über-
reste einiger Bücher erkennen.

Belladonna tobte vor Wut.
„Ich werde dich in eine Ratte
verwandeln! Und dir Furunkel
an den Hals zaubern ..." Doch
natürlich konnte sie das nicht –
ohne die Bücher mit den Zaubersprüchen.

Belladonnas Katze aber gefiel
ihr neues, sauberes Zuhause.
Sie dachte bei sich, dass Hertha
Hilfreich auch eine Art Hexe
sein müsse: Schließlich hatte
sie Belladonnas Haus völlig
verwandelt!

Leos magische Pflanze

Die kleine Pflanze, die Leo am Gartenzaun entdeckte, war sehr ungewöhnlich. Sie war hellblau und wuchs sehr schnell. Jede Nacht wuchs sie schneller als in der vorigen. Am Ende der Woche war sie schon höher als das Hausdach und verschwand in den Wolken – so wie die Bohnenranke in Leos Märchenbuch.

Leo stand im Garten und sah an der riesigen blauen Pflanze empor. Ob er hinaufklettern sollte? Leo beschloss, es zu wagen. Er kletterte höher und höher, durch die kalten, feuchten Wolken hindurch. Auf einmal sah er eine einzelne goldene Blume, die im Sonnenschein glänzte.

,,Sie sieht aus wie aus echtem Gold", dachte Leo. ,,Ich könnte sie pflücken und wieder hinunterklettern. Dann wäre ich reich." Aber seine Neugier siegte: Er wollte wissen, was sich am Ende der Pflanze befand. Vielleicht das Schloss eines Riesen?

Da tauchte aus dem Nebel plötzlich ein Zauberer auf. Er trug einen mitternachtsblauen Umhang mit goldenen Sternen und einen großen, schwarzen Hut. Leo starrte ihn ängstlich an.

„Hast du etwas in deiner Tasche?", fragte der Zauberer. „Nicht sehr viel", antwortete Leo und zog ein schmutziges Taschentuch, einen Flaschenöffner und eine Pfeife heraus. „Keine goldene Blume?", fragte der Zauberer. Leo schüttelte den Kopf. Zu seiner Überraschung lächelte der Zauberer ihn jetzt freundlich an.

„Sehr gut!", sagte er. „Deshalb bist du auch der einzige Mensch, der jemals die Spitze der Pflanze erreicht hat. Alle anderen haben die goldene Blume gepflückt und sind dann umgekehrt. Aber kaum haben sie wieder den Boden berührt, ist sie zu Staub zerfallen. Jetzt habe ich endlich jemanden getroffen, dessen Neugier größer ist als seine Habgier."

Der Zauberer übergab Leo eine kleine Holzkiste. „Da drinnen ist ein Samen", sagte er. „Pflanze ihn ein und kümmere dich gut darum, dann wird er so groß wie eine Sonnenblume werden. Du darfst die Pflanze aber nicht gießen. Stattdessen musst du ihre Blätter täglich polieren und ihr ein Gutenachtlied singen."

Leo war ziemlich verwundert, aber er dankte dem Zauberer und winkte zum Abschied. Dann kletterte er hinunter und tat alles so, wie es der Zauberer im aufgetragen hatte.

Es dauerte auch nicht lange, da erschien eine kleine blaue Pflanze. Leo polierte nun jeden Morgen die Blätter und jeden Abend sang er ihr ein Lied vor.

Am Ende des Sommers konnte Leo einen großen Strauß Sonnenblumen pflücken – und jede davon war aus reinstem Gold!

Der seltsame Stein

Eines Tages entdeckte Julian im Park einen großen grauen Stein. Er hob ihn auf und zeigte ihn seiner Schwester Eva. „Und was ist daran so besonders?", fragte sie. „Er ist richtig rund, so wie ein Ball", meinte Julian.

Eva sagte: „Wirf ihn weg, du hast genug Kram!" Aber Julian war überzeugt davon, dass der Stein etwas Besonderes sei und steckte ihn in die Hosentasche.

Als er an diesem Abend im Bett lag, sah er auf einmal ein seltsames Licht. Es schien aus seiner Jeans zu kommen, die über dem Stuhl hing!

Da fiel Julian der Stein wieder ein. Er hüpfte aus dem Bett und holte den Stein aus der Tasche. Er leuchtete so hell, dass Julian der Atem stockte! Was konnte das sein?

Plötzlich verlosch das Licht und der Stein wurde so grau wie vorher. Im Zimmer war es wieder dunkel. Julian ging zum Fenster und öffnete die Vorhänge. Dicke Wolken hatten sich vor den Mond geschoben.

„Ob der Stein wohl auf Mondlicht reagiert?", fragte er sich. Er beschloss, seine Schwester zu wecken. Vielleicht konnten sie es gemeinsam herausfinden.

Leise öffnete er die Tür und schlich sich in Evas Zimmer. „Eva, wach auf", sagte er und zog ihr die Decke weg. Mit einem Ruck war Eva wach. „Spinnst du?", rief sie empört. „Wieso hast du mich geweckt?"

„Psst, nicht so laut, sonst wachen Mama und Papa auf", flüsterte Julian. Dann erzählte er seiner Schwester von dem seltsamen Licht, das aus dem Stein gekommen war.

Eva wäre am liebst sofort wieder unter die Decke gekrochen. Aber dann wurde sie doch neugierig und folgte Julian in sein Zimmer. In dem Moment, als sie den Raum betraten, kam der Mond hinter den Wolken hervor und der Stein strahlte wieder sein Licht aus.

Eva konnte es kaum glauben: „Wie seltsam!" Julian fühlte sich ganz unbehaglich. „Wir sollten den Stein besser wieder zurückbringen", meinte er. „Vielleicht gehört er jemandem." Aber Eva fürchtete, dass sein helles Licht alle Nachbarn wecken könnte. „Außerdem dürfen wir in der Nacht nicht alleine nach draußen gehen", meinte sie.

Während die beiden berieten, was zu tun sei, geschah etwas Seltsames: Der riesige, runde Mond füllte plötzlich das Fenster. Es schien, als würden seine großen traurigen Augen in den Raum hineinsehen.

Eva erschauderte und flüsterte: „Es sieht aus, als suche er etwas." Da wusste Julian, was zu tun war.

Er öffnete das Fenster und legte den Stein auf die Fensterbank. Der Mond war nun so nahe, dass sie ihn fast berühren konnten.

Erstaunt sahen die Kinder, wie der Mond und der Stein zu einem einzigen blendenden Licht aufflackerten. Es blitzte so hell, dass sie ihre Gesichter abwenden und die Augen schließen mussten. Die Kinder hielten sich sogar die Hände vor die Augen, so grell war das Licht.

Als sie sich nach einer Weile wieder umdrehten, blinzelten sie zaghaft durch die Finger hindurch: Der Stein war weg! Der Mond stand wieder wie immer am Himmel – aber sein sorgenvoller Blick war verschwunden. Es schien so, als lächelte er sogar ein wenig!

Das Hexenbesen-Rennen

Herr Reisigholz war Spezialist für Hexenbesen. Leider verdiente er nicht viel, da er nur wenige Besen verkaufte. Denn es gab nicht mehr so viele Hexen wie früher und sie brauchten auch nicht sehr oft einen neuen Besen. Also dachte er darüber nach, wie er mehr Geld verdienen könnte.

Eines Tages hatte er eine gute Idee: Er wollte ein Hexenbesen-Rennen organisieren und der Hauptpreis sollte ein ganz besonders schöner Besen sein.

Es dauerte einige Tage, dann hatte Herr Reisigholz den allerfeinsten Besen hergestellt: mit einem polierten hölzernen Griff, der am Ende als Katzenkopf geschnitzt war. Er stellte ihn in sein Schaufenster und hängte ein Plakat daneben. Darauf stand:

Großes Hexenbesen-Rennen am nächsten Wochenende! Start um 8 Uhr auf dem großen Dorfplatz. 1. Preis: ein Super-Luxus-Hexenbesen!

Schon nach kurzer Zeit wusste jede Hexe im Land von dem Rennen und von dem wunderbaren Besen als Hauptgewinn. Und alle wollten daran teilnehmen und den Besen gewinnen! Jede von ihnen stellte sich vor, wie sie beim nächsten Hexentreffen mit dem schicken neuen Besen angesaust käme …

Am Tag des Rennens war es wolkenverhangen und windig. Die Teilnehmerinnen schwangen sich erwartungsvoll auf ihre Besen. Aber einige von ihnen erreichten nicht einmal den Nachtschattenwald, da fielen die alten, splittrigen Stiele schon auseinander!

Andere wiederum verflogen sich in den schweren Regenwolken. Und wieder andere wurden vom Wind einfach von ihren Besen geblasen. Nur drei Hexen erreichten schließlich die Ziellinie – und die Gewinnerin war Hexe Nießwurz!

Jubelnd nahm sie ihren Preis entgegen. Sie wusste, dass jede Hexe im Land auf ihren tollen neuen Besen neidisch sein würde.

Herr Reisigholz lächelte: „Ich baue gerne welche für euch."

Sein Plan war aufgegangen. Keine der Hexen wollte sich von ihren Hexenfreundinnen ausstechen lassen. Innerhalb kürzester Zeit bestellte jede Hexe von nah und fern bei Herrn Reisigholz einen neuen Besen. Und schon bald hatte er so viel verdient, dass er nie wieder arbeiten musste!

Die anderen Hexen betrachteten trübsinnig ihre alten, kaputten Besen. Dann begann die Erste zu jammern: „Ich möchte auch so einen neuen Besen!" Sofort stimmten die anderen ein: „Ich auch! Ich auch!"

Das magische Fahrrad

Das Fahrrad, das Ella zu ihrem achten Geburtstag bekommen hatte, sah perfekt aus: Es war schwarz und goldfarben, mit einer silberglänzenden Klingel.

Zuerst war Ella enttäuscht gewesen, denn eigentlich hatte sie sich ein Pony gewünscht. Sie hatte sich vorgestellt, wie schön es wäre, mit ihm den Hügel hinunter ins Dorf zu reiten. Aber als sie sich nun das Fahrrad genauer ansah, entdeckte sie, dass es unter dem Sattel goldene Sterne hatte. Das machte das Fahrrad für sie zu etwas Besonderem!

Sie fragte Mama, wo sie es gekauft hatte. „In dem kleinen Laden im Dorf", antwortete sie. Ella kannte den Laden. Dort gab es viele alte, staubige Fahrräder. So ein schönes wie ihres hatte sie dort allerdings noch nie gesehen.

„Es war ein gutes Angebot", meinte Mama. „Es sieht wie neu aus, war aber gar nicht teuer. Zuerst dachte ich, der Verkäufer hätte sich im Preis geirrt."

scharfen Kurve am Ende. Ella rollte hinunter, doch als sie die Handbremse betätigen wollte – passierte nichts! Das Rad fuhr stattdessen immer schneller.

Kurz bevor sie die Kurve erreicht hatte, geschah etwas Seltsames: Das Fahrrad gab ein wenig nach und sprang über die Kurve hinweg. Dann landete es genau an der Stelle, an der der Weg wieder geradeaus führte.

Ella fand das seltsam. Aber sie wollte jetzt nicht länger darüber nachdenken und lieber das Fahrrad ausprobieren.

Also setzte sie ihren Fahrradhelm auf und stieg aufs Rad. Sie wollte den Hügel hinunter ins Dorf fahren. Der Weg war sehr steil, mit einer

„Hui!", rief Ella. „Das war toll!" Sie tätschelte das Fahrrad geistesabwesend, so als ob es ein Pony wäre. Es schien sich jedenfalls wie eines zu verhalten.

Als sie weiter zum Dorf hinunterfuhr, machte das Fahrrad immer wieder kleine Sprünge und warf den Lenker herum. Ella schien es sogar, als höre sie ein Wiehern.

Zu Hause sah sich Ella noch einmal die kleinen Sterne unter dem Sattel an. Sie bemerkte, dass sie in Form eines Hufeisens angeordnet waren. Das hatte sie vorher gar nicht bemerkt.

„Ich bin bestimmt der einzige Mensch, der ein Pony-Fahrrad hat", dachte sie und tätschelte den Lenker.

Ella fuhr nun jeden Tag mit ihrem Fahrrad spazieren. Manchmal galoppierten sie über die Felder oder sprangen sogar über Hecken. Sie war ganz sicher, dass sich ihr Fahrrad eines Tages in ein Pony verwandeln würde. Ella begann, das Fahrrad wie ein Pony zu behandeln. Sie gab ihm sogar ab und zu eine Handvoll Heu!

Und ob du es glaubst oder nicht: Als Ella das nächste Mal ins Dorf fahren wollte – saß sie plötzlich auf einem kleinen braunen Pony!

Das Monster unter der Straße

Kira sah überall Monster: unter dem Bett, im Wäscheschrank und sogar hinter der Garderobe. „Es gibt keine Monster", sagte Mama, als Kira wieder einmal aufgeregt erzählte, dass ein Monster hoch oben im Wäscheschrank lag. „Wahrscheinlich ist es nur die Katze."

Eines Morgens stand Kira mit Mama an der Bushaltestelle. Plötzlich kamen zwei dünne Arme aus einem Gullyloch und packten Kiras Knöchel. „Hilfe, Hilfe, Hilfe!", schrie sie. „Ein Monster!"

Aber Mama studierte gerade ihren Einkaufszettel und sagte geistesabwesend: „Red keinen Unsinn, Kira. Es gibt keine Monster." So bemerkte sie auch nicht, dass Kira hinter ihr verschwand.

Kira wurde von den haarigen Armen in den Gully gezogen und landete – platsch! – in einem kalten, unterirdischen Fluss. Dann wurde sie wieder gepackt, aus dem Wasser gehoben und auf einen Stein gesetzt.

Als sie die Augen öffnete, stand ein Monster mit drei Augen, schwarzem Fell und großen rosa Ohren vor ihr. Es war ziemlich klein für ein Monster, ungefähr so groß wie Kira. Trotzdem fürchtete sie sich vor ihm.

„Was willst du von mir?", fragte Kira ängstlich. „Ich möchte endlich meine Freunde wiederhaben", antwortete das Monster. „Und was hat das mit mir zu tun?", fragte Kira erstaunt. „Sie sind unter deinem Bett, im Wäscheschrank und hinter der Garderobe gefangen", erklärte das Monster traurig. „Und jetzt bin ich hier ganz alleine. Kannst du mir bitte helfen?"

Kira erzählte ihm, dass sie die Monster tatsächlich gesehen hatte – aber Mama ihr nicht geglaubt hatte. „Du musst sie befreien", bat das Monster, „und dann diesen Gullydeckel anheben, damit sie wieder nach Hause kommen können."

Kira hatte Mitleid mit dem einsamen Monster und versprach, seine Freunde zu befreien. Dann half ihr das Monster, wieder nach oben zu gelangen.

„Hallo Mama", sagte Kira. Mama stand immer noch an der gleichen Stelle und überlegte, ob ihre Einkaufsliste vollständig sei. „Oh, da bist du ja", meinte sie. „Ich dachte, du wärst schon nach Hause gegangen."

Schnell erwiderte Kira: „Wenn ich darf, würde ich auch gerne nach Hause gehen. Ich muss nämlich etwas Wichtiges erledigen." Mama war einverstanden und Kira rannte schnell los.

Zu Hause öffnete Oma die Tür. „Ich backe gerade einen Kuchen", sagte sie. „Dann will ich dich nicht stören!", rief Kira erleichtert und stürmte die Treppe hinauf.

Oma durfte auf keinen Fall merken, was Kira vorhatte. Sonst würde sie wieder den Kammerjäger anrufen, so wie damals, als Kira die Maus aus der Mausefalle retten wollte.

Kira lief direkt zum Wäscheschrank. Dort hatte sich ein Monster in einem Bettlaken verfangen. Kira zog so lange an dem Laken, bis das Monster befreit war. „Komm mit", flüsterte sie ihm zu. „Aber sei leise." Das Monster zögerte und Kira sagte freundlich: „Du brauchst keine Angst zu haben. Ich bringe euch wieder nach Hause."

Dann sah Kira unter ihr Bett. Dort klebte ein Monster mit einem alten Bonbon am Boden fest. Kira löste es ganz vorsichtig ab. Leider musste sie auch ein Stückchen seines Felles abschneiden, da das Bonbon darin kleben blieb.

Als Nächstes ging Kira zur Garderobe. Dahinter hing ein Monster mit seinem Fell an einem Nagel fest. Kira nahm wieder die Schere und schnitt es frei.

„Kommt mit, euer Freund wartet auf euch!", sagte Kira zu den dreien und sie trippelten fröhlich hinter ihr her. Kira sah nach, ob die Luft rein war. Als sie Oma in der Küche singen hörte, winkte sie den Monstern zu. „Hier lang", flüsterte sie. Sie trippelten zur Tür hinaus und die Straße entlang – bis zum Gullydeckel. Mit aller Kraft stemmte Kira den Deckel hoch.

Kaum hatte sie ihn angehoben, da sprangen die Monster eins nach dem anderen in die Tiefe. Kira hörte dreimal ein Platschen und dann einen Jubelschrei – endlich waren die Monster wieder zu Hause! Und Kira wusste jetzt ganz genau: Es gab doch Monster – auch wenn Mama das Gegenteil behauptete …

Der verlorene Drache

Eines Tages gingen Sara und Patrick von der Schule nach Hause. Patrick wollte gerade eine leere Dose in den Abfalleimer werfen – da bewegte sich plötzlich der Müll! „Sara!", rief er erschrocken. „Da drin ist etwas Lebendiges!"

Sara dachte zuerst, ihr Bruder wolle sie verulken. Doch als sie näher kam, sah sie es auch: Da rührte sich etwas unter den alten Zeitungen. Plötzlich tauchte mitten aus dem Abfall ein Kopf auf!

So etwas Seltsames hatten die Kinder in ihrem Leben noch nicht gesehen: Das kleine Ding hatte hervorstehende Augen, einen langen Schwanz und kleine Flügel mit spitzen Zacken. Seine grünliche Haut war schuppig, wie die einer Eidechse. Es versuchte nun verzweifelt, aus dem Mülleimer zu krabbeln.

„Das Ding sieht aus wie ein Drache!", rief Patrick aufgeregt. „Für einen Drachen ist es aber zu klein", meinte Sara. Das kleine Wesen gab ein leises Piepsen von sich. „Es scheint ihm da drin nicht zu gefallen", sagte Patrick. „Meinst du, wir sollten ihm heraushelfen?"

„Natürlich", antwortete Sara. Sie packte es vorsichtig und hob es aus dem Mülleimer. Das kleine Ding klammerte sich fest an Sara. Dabei verfingen sich seine scharfen Krallen in ihrem Pullover. Sie löste sie vorsichtig – und dann kuschelte sich das Wesen dankbar in ihre Arme.

Patrick streichelte ihm sanft mit seinem Finger über den schuppigen Kopf. „Es sieht zwar seltsam aus, aber es ist echt süß. Wir könnten es doch mit nach Hause nehmen", schlug er vor. Aber Sara schüttelte den Kopf. Sie wusste, wie sehr sich Patrick ein Haustier wünschte, aber dieses seltsame kleine Tier war dafür sicher nicht geeignet.

„Am besten lassen wir es hier", meinte sie. „Ich bin sicher, es findet allein nach Hause." Sie setzte das Wesen ab und ging mit Patrick schnell weg. Doch das kleine Ding schien fest entschlossen, ihnen zu folgen. Es flatterte mit seinen winzigen Flügeln und hüpfte ihnen hinterher.

„Oje!", rief Sara. „Es folgt uns!" In diesem Moment hörten sie ein lautes Brausen und Zischen über sich. Es war ein riesiger Drache, der direkt auf sie zuflog!

Patrick schrie auf und duckte sich. „Schnell, lauf weg!", rief er seiner Schwester zu. Aber Sara blieb wie gebannt stehen und starrte das riesengroße Tier an.

Plötzlich schoss der Drache herab und packte das kleine Wesen mit seinen Krallen. „Oh nein!", rief Patrick. „Er wird es fressen!" Aber Sara beruhigte ihn: „Nein, das wird er nicht. Sieh doch, der Drache ist seine Mutter!"

Und tatsächlich: Das Drachenbaby piepste zufrieden, als seine Mutter mit ihm davonflog. Die Kinder sahen ihnen so lange hinterher, bis die beiden Drachen nur noch ein kleiner Punkt am Himmel waren und schließlich ganz verschwanden.

Traurig sagte Patrick: „Schade, ich hätte ihn so gerne behalten." Sara legte den Arm um ihren Bruder. „Dem Kleinen geht es bei seiner Mutter viel besser", sagte sie. „Weil du ihn gefunden hast, kann er nun nach Hause zurück."

Patrick wusste, dass seine Schwester recht hatte. Und er war auch ein kleines bisschen stolz auf sich …

Die Katze auf dem Besenstiel

Das Leben als Hexenkatze gefiel Zweistein überhaupt nicht. Als er das erste Mal die Hütte von Hexe Hinkebein betreten hatte, sah alles noch sehr vielversprechend aus: Es gab ein gemütliches Wohnzimmer mit einem Teppich vor dem Kamin, auf dem er es sich bequem machen konnte. Aber schon in der ersten Nacht warf sich Hexe Hinkebein ihren Umhang um und setzte Zweistein auf ihren Besenstiel.

Schnell begann Zweistein, den Besenstiel zu hassen! Er fürchtete die eisigen Nachtflüge, wenn der Wind seine Schnurrhaare auskühlte.

Seine Herrin schien das Unbehagen ihrer Katze nie zu bemerken. Je schlechter das Wetter war, desto besser gefiel es ihr. Und was noch viel schlimmer war: Zweistein hatte auch noch schreckliche Höhenangst! Aber er wagte es nicht, sich zu beschweren, denn dann würde die Hexe ihn sicher in etwas Schreckliches verwandeln.

An einem besonders ungemütlichen Abend, als der Regen gegen die Fenster der Hütte schlug, traf Zweistein eine Entscheidung. „Ich will keine Hexenkatze mehr sein", dachte er. „Ich will in einer schönen warmen Bauernhausküche leben, in der ich Mäuse fangen kann. Und nicht mehr nachts über die Dächer fliegen!"

Es dauerte auch gar nicht lange, da rief Hexe Hinkebein: „Komm her, Zweistein! Es ist Zeit, loszufliegen!" Aber Zweistein tat so, als würde er nichts hören. „ZWEISTEIN!", brüllte die Hexe. „Komm SOFORT her!"

Zweistein erhob sich widerwillig und streckte sich, dann trottete er zur Tür. Hexe Hinkebein packte ihn und setzte ihn auf ihren Besenstiel. Zweistein klammerte sich fest, als der Besenstiel in die Luft schoss und in schwindelerregendem Tempo über den Wald sauste. Er sah hinunter auf das Blätterdach, über das sie gerade flogen.

„Jetzt oder nie!", dachte Zweistein. Dann holte er tief Luft, schloss die Augen – und sprang! Der Weg nach unten kam ihm unendlich lang vor! Doch endlich landete er glücklich auf allen Vieren auf dem weichen Waldboden. Als die Hexe außer Sichtweite war, rannte er durch den Wald, bis er zu einem Bauernhaus kam.

Er kroch in die Scheune, schüttelte die Regentropfen aus seinem Fell und legte sich dann ins Heu. Zweistein war so erschöpft, dass er sofort einschlief. Er träumte von Hexen und Besenstielen, bis er am Morgen von Stimmen geweckt wurde.

„Schaut mal, eine schwarze Katze!", rief eine Kinderstimme. „Ob sie sich verlaufen hat?" Zweistein öffnete die Augen und sah den Bauern, seine Frau und ihre kleine Tochter. Alle drei starrten ihn an.

„Er sieht aus wie die Katze von Hexe Hinkebein", sagte der Bauer. „Nein, er kann nicht die Hexenkatze sein", meinte die Bauersfrau. „Er hat weiße Schnurrhaare. Die Katze von Hexe Hinkebein ist aber komplett schwarz."

Weiße Schnurrhaare? Zweistein schielte nach unten. Und tatsächlich: Seine Schurrhaare waren schneeweiß! Wie konnte das sein?

Er erinnerte sich, wie er vom Besenstiel gesprungen war und dass er furchtbare Angst gehabt hatte. War es möglich, dass seine Schnurrhaare durch den Riesenschrecken weiß geworden waren? Er hatte gehört, dass so etwas ab und zu vorkommen konnte.

,,Wir nehmen ihn mit ins Haus'', sagte der Bauer. ,,Er sieht so verfroren und hungrig aus.'' In der Küche bekam Zweistein eine leckere Katzenmahlzeit. Dann rollte sich vor dem warmen Küchenofen zusammen und schnurrte zufrieden.

Endlich war er keine Hexenkatze mehr – und musste auch nie mehr auf einem unbequemen und zugigen Besenstiel fliegen!

Allerdings dauerte es noch lange, bis er nicht mehr von der Hexe träumte. Zweistein hatte große Angst, dass sie ihn doch noch finden würde. Er konnte ja nicht ahnen, dass Hexe Hinkebein inzwischen einen Raben hatte – garantiert ohne Höhenangst!

Drachenfeuer

Es gab einmal eine Zeit, da spuckten Drachen kein Feuer. Damals lebten sie in richtigen Häusern statt in Höhlen. Das sollte sich allerdings bald ändern …

Wie alle Drachen, so liebte auch der Drache Elias die Wärme. Am glücklichsten war er, wenn er vor dem knisternden Feuer in seinem gemütlichen Häuschen ein Nickerchen halten konnte. Aber manchmal musste er auch hinaus und dann war ihm jedes Mal furchtbar kalt.

Als Elias an einem eisigen Wintertag gerade nach Hause flog, fing es an zu schneien. Eine Schneeflocke landete direkt auf seiner Nasenspitze. „Brrr!", schüttelte er sich. „Wenn ich doch nur mein schönes warmes Feuer immer bei mir haben könnte. Dann müsste ich nie wieder frieren!"

Da er zufällig gerade über das Haus des Zauberers flog, hatte er eine Idee: Vielleicht konnte der Zauberer ihm helfen …

„Hmm …'' Der Zauberer runzelte die Stirn, als ihm Elias seinen Wunsch vortrug. „Ein Feuerzauber kann sehr schnell außer Kontrolle geraten, weißt du?'' Aber Elias bat ihn so sehr darum, dass der Zauberer Mitleid mit ihm hatte. Schließlich holte er sein dickes, in Leder gebundenes Zauberbuch hervor und blätterte lange darin. „Wo steht es nur?'', murmelte der Zauberer vor sich hin. Er war schon alt und etwas vergesslich.

„Ah, hier ist es ja'', sagte er endlich. Er las den Zauberspruch genau durch. Dann holte er die benötigten Zutaten, rührte diese in dem großen Kupferkessel zu einer dicken, fürchterlich stinkenden Brühe zusammen und murmelte dabei den Zauberspruch. Nun war der Zaubertrank fertig!

„Ganz weit aufmachen'', sagte der Zauberer und hielt Elias einen Löffel hin. Elias schluckte den Trank und fühlte sofort, wie ihm heiß wurde. Der Zauberspruch wirkte tatsächlich! Er bedankte sich bei dem Zauberer und gab ihm als Lohn fünf Stücke wertvollstes Drachengold.

Draußen auf der verschneiten Straße fragte sich Elias, ob er sich vielleicht zu früh gefreut hatte. Er konnte kein bisschen Feuer um sich herum sehen. Innerlich war ihm zwar warm, aber draußen war es kalt wie immer. Er konnte es kaum erwarten, sich zu Hause aufzuwärmen.

Als Elias gerade vor seiner Haustür angekommen war, musste er plötzlich niesen. „Ha-ha-ha-HAATSCHIIIHH!" Im gleichen Moment schoss eine riesige Flamme aus seinem Maul! „Hilfe!", schrie Elias, als er sah, dass die Flamme seine Haustür versengte.

Als er in die Küche ging, musste er wieder niesen, und diesmal setzte er die Vorhänge in Brand. In kürzester Zeit hatte Elias sein gemütliches kleines Haus komplett niedergebrannt! So hatte er es sich nicht vorgestellt, als er sein eigens Feuer immer dabei haben wollte ...

Nun musste sich Elias ein neues Zuhause suchen, eines das nicht bei jedem Niesen Feuer fing. Aber wo könnte das sein? Elias machte sich auf die Suche. Zuerst flog er ins Tal, aber dort war der Fluss zugefroren und überall lag Schnee. „Brrr! Wie ungemütlich", dachte Elias.

Dann flog er hoch in die Berge. Dort fand eine große, tiefe Höhle. Davor zündete er ein Lagerfeuer an und fiel sofort in einen tiefen Schlaf. Als er wieder aufwachte, sah er sich die Höhle genauer an – und sie gefiel ihm richtig gut. Elias hatte sein neues Zuhause gefunden!

Er lud seine Freunde ein und sie meinten, das wäre ein sehr schöner Platz zum Leben für einen Drachen. Außerdem war Feuerspeien ja auch eine sehr nützliche Sache. Sie wollten nun ebenfalls ihr eigenes Feuer haben und einer nach dem anderen besuchte den Zauberer.

Und so kam es, dass heutzutage alle Drachen in Höhlen leben und Feuer spucken!

Der kleine gelbe Kobold

Einst lebte ein kleiner gelber Kobold unter einem großen Stein im Nachtigallenweg. Er war ein garstiger Geselle und liebte gemeine Streiche. Kam zum Beispiel ein Pferd vorbei, erschreckte er es so sehr, dass es scheute und seinen Reiter abwarf. Oder er trat den Kindern gegen die Knöchel, wenn sie seinem Stein zu nahe kamen. Aber niemand hatte ihn jemals gesehen.

Niemand – außer Sophia. Der Kobold hatte soeben Sophias beste Freundin Annabel ins Bein gebissen. Während Annabel vor Schmerz aufschrie und herumhüpfte, schaute sich Sophia nach dem Übeltäter um.

Sie musste gar nicht lange suchen, da sah sie schon den kleinen gelben Kobold hinter dem Stein hervorspähen. „He, du da!", rief Sophia. „Warum hast du meine Freundin gebissen?"

Der Kobold versuchte wegzulaufen und sich zu verstecken, aber Sophia war schneller. Sie packte ihn am Kragen und hielt ihn fest, während er wild strampelte und zappelte. Aber Sophia ließ ihn nicht los.

„Ich habe dich etwas gefragt", sagte sie. „Ich habe es gehört", grummelte der Kobold. „Lass' mich los und ich sage es dir."

„Oh nein", antwortete Sophia. „Ich kenne deine Kobold-Tricks! Ich habe gute Lust, dich in ein Glas zu stecken und zur Hexe Hedera zu bringen. Vielleicht möchte sie dich als Haustier halten."

„Bitte nicht!", kreischte der Kobold. „Ich will nicht den Rest meines Lebens in einem Glas verbringen!"

„Ich bin sicher, dass das Annabel und all den anderen Menschen, die du verletzt hast, nichts ausmachen würde."

„Aber nur wenn ich Streiche spiele, werde ich überhaupt bemerkt", murmelte der Kobold mürrisch. „Ich bin so klein, dass mich niemand sieht."

„Das ist doch kein Grund, garstig sein", sagte Sophia. „Versuch' lieber einmal, nett zu sein. Dann wird man dich auch bemerken."

„Aber es ist viel lustiger, gemein zu sein."

„Echt?", fragte Sophia. „Dann lass' uns gehen!"

„Schon gut!", schrie der Kobold, panisch vor Angst. „Ich werde nett sein, versprochen!"

„Ich wette, er hält sein Versprechen nicht", sagte Annabel.

„Kobold-Ehrenwort", erwiderte der Kobold feierlich.

Da ließ Sophia ihn los. „Wir wissen, wo wir dich finden …", warnte sie ihn. Der Kobold hüpfte schnell wieder hinter seinen Stein.

Bald darauf passierten seltsame Dinge im Nachtigallenweg: Eine alte Dame fand einen wunderschönen Blumenstrauß in ihrem Einkaufskorb. Ein kleines Kind, das sein Spielzeug verloren hatte, fand es am nächsten Tag vor seiner Haustür wieder. Und ein Reisender, der sich verlaufen hatte, wurde von einem lustigen, gelben Mann auf den richtigen Weg gebracht.

Als Sophia und Annabel das nächste Mal den Nachtigallenweg entlang gingen, trafen sie einen jungen, nett aussehenden Mann.

Zuerst erkannten sie ihn nicht. Aber als er sie höflich grüßte, sahen sie ihn sich genauer an. Er war gelb und hatte grüne Haare ... das musste der Kobold sein! „Du bist aber gewachsen!", staunte Sophia.

„Ja, jedes Mal, wenn ich eine gute Tat vollbringe, wachse ich ein Stück", sagte der Kobold. „Das fühlt sich wunderbar an!"

„Das freut mich", sagte Sophia und schüttelte ihm die Hand. „Aber hör' nicht auf damit, Gutes zu tun, wenn du so groß geworden bist, wie du es dir wünschst."
„Versprochen", grinste der Kobold. „Kobold-Ehrenwort!"

Der Troll im Tümpel

Mitten in einem finsteren Wald lebte ein Troll in einem tiefen, dunklen, schlammigen Tümpel. Die Leute wussten, dass er dort hauste. Einige hatten ihn schon gesehen, wie er sie mit seinen großen Mondaugen aus dem Wasser heraus anglotzte, oder hatten eine schuppige Klaue entdeckt, mit der er nach ihnen greifen wollte.

Sie erzählten sich schaurige Geschichten über den Troll im Tümpel. Angeblich fraß er Menschen. Den Ur-Ur-Ur-Großvater des Holzfällers soll er sogar im Ganzen verschlungen haben. Besonders gut schmeckten ihm freche kleine Kinder! Das erzählten die Eltern ihren Kindern, wenn sie ungezogen waren …

Deshalb vermieden es die Leute, in den Wald zu gehen. Nicht so Marco Gutfreund. Der Soldat war auf dem Rückweg von der Kaserne zu seiner Familie. Er wollte so schnell wie möglich nach Hause und nahm deshalb die Abkürzung durch den Wald.

Er ging schnellen Schrittes den Weg entlang und sang dabei. Als tapferer und furchtloser Soldat hatte er keine Angst vor einem kleinen Wesen wie einem Troll. „Das ist doch nur ein albernes Märchen", dachte er bei sich und ging immer weiter in den Wald hinein.

Marco hielt an dem Tümpel an, um zu rasten. Kaum hatte er sich ans Ufer gesetzt, da bewegte sich plötzlich etwas im Tümpel. Ein riesiger Kopf erhob sich aus dem Wasser und eine schleimige Klaue packte sein Bein. Dann tauchte der Rest des Trolls auf. Er hatte eine schlammgrüne Farbe und war sehr, sehr hässlich.

Marco zappelte und versuchte sich zu befreien. „Lass' mich gehen!", verlangte er. „Nein, bitte bleib'!", rief der Troll. Marco sah ihn verwundert an. „Du kannst ja sprechen!"

„Natürlich kann ich sprechen", antwortete der Troll. „Leider habe ich kaum Gelegenheit dazu – niemand kommt mehr hier vorbei. Dabei unterhalte ich mich doch so gerne."

Als der Troll das sagte, traten ihm Tränen in die Augen. Obwohl der Troll sein Bein losgelassen hatte, wollte Marco nun gar nicht mehr weglaufen. Er fühlte, dass diese Kreatur überhaupt nicht furchtbar war, nur sehr einsam und sehr traurig.

„Ich denke, in den Augen eines anderen Trolls würdest du sehr gut aussehen", sagte Marco, um ihn zu trösten. „Aber die Menschen haben Angst vor dir, weil sie glauben, du frisst sie."

Der Troll sah ihn erschrocken an. „Wie kommen sie denn bloß darauf? Ich bin Vegetarier, ich war schon immer Vegetarier."

„Und was ist mit dem Ur-Ur-Ur-Großvater des Holzfällers?", fragte Marco.

„Ich bin noch gar nicht so alt", sagte der Troll.

Der Troll ließ Marcos Bein los und kletterte aus dem Wasser ans Ufer. „Nun ja, das wundert mich nicht, dass niemand zu dir kommt", meinte Marco ohne nachzudenken. „Du bist so …"

„Ich weiß", sagte der Troll und senkte den Kopf. „Ich bin hässlich, deswegen. Aber alle Trolle sind hässlich, sonst wären wir keine Trolle."

„Das war mein Ur-Ur-Großvater. Außerdem wurde die ganze Geschichte auf jeden Fall stark übertrieben. Aber lass' uns nicht davon reden. Ich möchte doch nur ein bisschen Gesellschaft und mich unterhalten."

Marco streckte seine Hand aus und tätschelte dem Troll die große, feuchte Klaue. „Ich komme wieder und besuche dich", versprach er. „Und dann bringe ich auch meine Familie mit. Dann hast du auch dann Besuch, wenn ich wieder in die Kaserne zurückkehre."

Die Augen des Trolls leuchteten vor Dankbarkeit, als er sich von Marco verabschiedete.

Der Troll lebt heute immer noch in dem Tümpel mitten im Wald, aber jetzt hat er jede Menge Freunde. Die Dorfbewohner haben keine Angst mehr vor ihm. Im Gegenteil: Sie kommen regelmäßig vorbei und picknicken am Tümpel. Und natürlich vergessen sie nie, ihm eine Extra-Portion seiner Leibspeise mitzubringen – Erdbeertörtchen!

Es ist nicht alles Gold, was glänzt

Benno Brosam und seine Frau Lene wohnten in einem netten kleinen Häuschen. Sie besaßen eine schöne, schwarz-weiß gefleckte Kuh, die ihnen reichlich cremige Milch lieferte. Aber trotz ihres angenehmen Lebens war Benno nicht glücklich. Er wollte reich sein und wünschte sich nichts sehnlicher als einen Keller voller Gold.

„Ein Sack voll Gold würde mir schon reichen", meinte er. Nicht, dass er das Gold ausgeben würde – er wollte

sich nur daran erfreuen können. Benno Brosam war eben ein richtiger Geizhals.

Eines Tages klopfte es an der Tür. Benno öffnete und erblickte einen kleinen Mann auf der Türschwelle, der ganz in Grün gekleidet war und eine rote Feder an seinem Hut trug.

„Würden Sie mir Ihre wunderschöne Kuh verkaufen?", fragte der Mann. „Verkaufen? Aber die Kuh ist alles, was wir haben", antwortete Benno. „Das kommt gar nicht in Frage", meinte Lene.

„Sie ist eine sehr gute Kuh", sagte der Mann mit listigem Blick. Da hatte Benno plötzlich eine Idee. „Ja", nickte er, „sie ist ihr Gewicht in Gold wert."

„Dann sollen Sie auch Gold dafür bekommen", erwiderte der Mann und holte einen großen, prall gefüllten Sack hervor.

Benno bekam große Augen. Der kleine Mann griff in den Sack, nahm eine Handvoll glänzender Goldmünzen heraus und reichte Benno eine davon. Mit zitternden Fingern nahm Benno die Münze und biss darauf, um sicherzugehen, dass sie echt war.

"In Ordnung, die Kuh gehört Ihnen", sagte er schnell, bevor seine Frau irgendetwas einwenden konnte. "Sie brauchen mich nicht zu begleiten", meinte der kleine Mann. "Ich führe die Kuh selbst hinaus." Er drehte sich um und ließ den Sack mit dem Gold zurück.

"Fass' mal mit an, Lene", sagte Benno zu seiner Frau. "Der Sack ist sicher sehr schwer." Lene seufzte. "Ich hoffe nur, du hast das Richtige getan. Ich habe kein gutes Gefühl. Dieser kleine Mann sah aus wie ein Kobold. Denen kann man nicht trauen – du weißt, wie boshaft Kobolde sind."

Dann kam sie zu ihm herüber und jeder packte eine Ecke des Sacks. Sie zogen mit ganzer Kraft – aber was war das? Der Sack ließ sich ganz leicht anheben und wog fast nichts.

Benno rutschte vor Schreck das Herz in die Hose! Er öffnete den Sack und sah hinein. Er war voller Blätter – der Mann hatte ihn tatsächlich betrogen!

„A-aber es war doch echtes Gold, sicher war es das!", stammelte er. „Ich habe es dir gleich gesagt!", rief Lene ärgerlich. „Aber du hast ja nicht auf mich gehört!" Sie eilten zum Fenster, aber von dem kleinen Mann und der Kuh war weit und breit nichts mehr zu sehen.

„Das hast du nun von deiner Habgier!", schimpfte Lene. „Hör endlich auf, von Sachen zu träumen, die du nicht haben kannst, und arbeite stattdessen für das, was du haben kannst."

Von diesem Tag an arbeitete Benno hart, bis er genug Geld für eine neue Kuh gespart hatte. Er verschwendete auch keine Zeit mehr damit, von einem Keller voller Gold zu träumen! Stattdessen lebte er nun glücklich und zufrieden mit seiner Frau. Und immer wenn er ein Glas frische, cremige Kuhmilch trank, sagte er: „Lene, das ist unser flüssiges Gold!"

Die Hexe Funkelfuß

Als die Hexe Rabenschwinge eines Tages ihre hohen schwarzen Stiefel anzog, bemerkte sie, dass in beiden Sohlen große Löcher waren. „Nicht einmal Magie kann das wieder richten", seufzte sie. „Ich werde mir wohl ein neues Paar kaufen müssen." Und so schwang sie sich auf ihren Besen und flog zum Schuhgeschäft in Höllhexenhausen.

Im Laden waren viele schöne Schuhe ausgestellt. Es gab grüne Stiefel, glänzende pinkfarbene und ein Paar schwarze, die genau aussahen wie ihre alten. Aber die Stiefel, die Hexe Rabenschwinge am allerbesten gefielen, waren silbern und goldfarben und übersät mit funkelnden Diamanten.

Leider waren sie schrecklich teuer. Hexe Rabenschwinge hatte nicht annähernd genug Geld dafür, aber das ließ sich sicher mit einem einfachen Zauberspruch ändern …

Obwohl sie ungeheuer große und unförmige Füße hatte, passten ihr die Stiefel perfekt, sobald sie diese angezogen hatte. „Ich nehme sie!", sagte sie zu dem Verkäufer und gab ihm drei Goldstücke. „Den Rest können Sie behalten." Der Verkäufer strahlte. „Oh, vielen Dank!", erwiderte er und verbeugte sich.

In dieser Nacht flog Hexe Rabenschwinge zur Wolfskuhle, dem Versammlungsplatz der örtlichen Hexen. „Na, was sagt ihr?", fragte sie in die Runde und führte ihre neuen Stiefel vor.

„Wie geschmacklos!", sagte Hexe Schierlingskraut, die offensichtlich neidisch war. „Einfach grauenvoll!", schrie Hexe Krötenbein. „Welch eine Schande!", rief Hexe Knorpelnase.

„ZIEH SIE SOFORT AUS!", kreischte die Oberhexe. „Keine echte Hexe würde jemals solche Stiefel tragen!"

Hexe Rabenschwinge verstand die Aufregung nicht. „Aber mit ihnen fühle ich mich so hübsch und elegant", erwiderte sie.

Und das stimmte auch! Sie sah so strahlend schön aus wie eine Märchenprinzessin. Ihre Stiefel glitzerten und funkelten wie Millionen von Sternen. Sie war völlig verwandelt.

Natürlich verbannten die anderen Hexen sie unverzüglich aus dem Hexenzirkel. Und so wurde aus Hexe Rabenschwinge die Hexe Funkelfuß, die schon bald im ganzen Land für ihre Kräutertees und Heiltränke berühmt war.

Allerdings konnte sie ihre magischen Schuhe nie mehr ausziehen, denn ohne sie hätte sie ihr gutes Aussehen sofort verloren und wieder wie Hexe Rabenschwinge ausgesehen! Sie musste die Stiefel also Tag und Nacht tragen. Leider nutzen sich die Sohlen mit der Zeit ab …

Bleibt also zu hoffen, dass es noch genau so ein Paar Stiefel in dem kleinen Schuhgeschäft in Höllhexenhausen gibt!

Die Hexe am Ende der Gasse

Klara erinnerte sich noch ganz genau an ihre erste Begegnung mit der Hexe am Ende der Gasse. Damals war sie gerade drei Jahre alt. Sie war am Tor vor einem kleinen Häuschen stehengeblieben, um eine schwarze Katze zu streicheln. Plötzlich hatte die Hexe sie über die Hecke hinweg angestarrt. Sie hatte langes, strähniges Haar und gelbe, scharf aussehende Zähne.

Klara war zu Tode erschrocken und hatte geglaubt, die Hexe wolle sie fressen. Zum Glück war in diesem Moment ihre Mutter gekommen und die Hexe in ihrem Haus verschwunden.

Von da an mied Klara diese Gasse, wann immer es möglich war. Wenn sie doch einmal dort entlang musste, dann rannte sie jedes Mal so schnell sie nur konnte an dem Häuschen vorbei. Sie traute sich nicht, dort noch einmal anzuhalten und die schwarze Katze zu streicheln. Obwohl sie Katzen so sehr mochte!

Eines Tages war Klara mit ihrer Mutter zum Einkaufen im Dorf. „Geh du bitte kurz zum Bäcker", sagte die Mutter, „und hol' uns ein paar leckere Schokoladen-Muffins zum Kaffee." Im Laden standen die Leute Schlange, denn die Kuchen des Bäckers waren sehr beliebt. Klara wartete, bis schließlich nur noch eine alte Dame vor ihr war.

„Was kann ich für Sie tun, Frau Trautwein?", fragte der Bäcker. „Ein kleines braunes Brot, bitte", sagte die alte Dame. „Kann ich Sie vielleicht mit einem meiner Schokoladen-Muffins verführen?", scherzte der Bäcker. „Ich würde sehr gerne einen nehmen, aber ich kann es mir nicht leisten", antwortete Frau Trautwein.

Klara war schockiert. Sich keinen Muffin leisten zu können, war für sie unvorstellbar! Bei ihr zu Hause gab es mindestens dreimal in der Woche Muffins. Und sonntags sogar eine Torte. Klara beschloss, der alten Dame zu helfen.

„Das ist ja schrecklich!", sagte Klaras Mutter, als diese ihr von der alten Dame erzählte. „Wir sollten ein paar Muffins für Frau Trautwein kaufen."

Klara lief zurück zum Bäcker, um die Muffins zu besorgen. Als sie zurückkam, war die alte Dame schon fast außer Sicht.

Klara und ihre Mutter riefen, aber die alte Dame hörte sie nicht. Sie eilten ihr hinterher – gerade noch rechtzeitig, um sie in eine Gasse abbiegen zu sehen.

Klara erschrak: Das war doch die Gasse, in der die Hexe lebte! „Oh nein!", rief Klara. „Müssen wir dorthin gehen? Ich mag nicht am Haus der Hexe vorbei." Aber ihre Mutter meinte nur: „Sei nicht albern, Klara."

Klara war jetzt acht Jahre alt, aber sie erinnerte sich noch immer daran, wie viel Angst sie damals gehabt hatte, als die Hexe sie angestarrt hatte. Und zu Klara Entsetzen war das Tor, das die alte Dame gerade öffnete – das Tor zum Garten des Hexenhauses!

„Frau Trautwein!", rief Klaras Mutter und die alte Dame drehte sich um. Ihre Mutter gab Frau Trautwein die Muffins und die alte Dame lächelte dankbar. Erstaunt bemerkte Klara, dass sie ein freundliches Gesicht und ein warmes Lachen hatte. Wie hatte sie nur die ganze Zeit so schlecht von der alten Damen denken und sie für eine Hexe halten können?

Obwohl Klara sich dafür schämte, erzählte sie Frau Trautwein, dass sie gedacht hatte, sie sei eine Hexe. „Man kann sich die seltsamsten Sachen vorstellen, wenn man jung ist", sagte Frau Trautwein lächelnd und zwinkerte Klara zu. Von da an brachte Klara der alten Dame jede Woche eine Schachtel mit köstlichen Keksen – die sie dann gemeinsam aßen.

Erstveröffentlichung unter dem Titel:
„Magical Tales for Bedtime"
© Award Publications Limited, 2015

Genehmigte Lizenzausgabe
EDITION XXL GmbH
Industriestraße 19
64407 Fränkisch-Crumbach 2020
www.edition-xxl.de

Layout, Satz und Umschlaggestaltung:
design cat GmbH
Text: Linda Jennings
Übersetzung: design cat GmbH
Illustrationen: Val Biro

ISBN 978-3-89736-623-7